Impressum

© 2020 Schliesser, Marilyn

Herstellung und Verlag: BoD – Books on Demand, Norderstedt

ISBN: 9783752643695

Autorin Fakten

Ich heiße Marilyn Schliesser (née Mordaunt) und wohne in Essen-Rellinghausen. Ich bin Ex-Südafrikanerin, Muttersprache Englisch.

Ich kam Ende 1973 in West Berlin an, nach der Heirat mit meinem Mann Peter in Johannesburg. Peter hieß eigentlich Wilhelm Schliesser, aber er wurde von klein auf Peter genannt. Warum, das wäre eine andere Geschichte. In Berlin lernte ich deutsch. Von 1977 bis 1979 arbeitete ich für USAFE in Berlin Tempelhof am Flughafen, zuerst als Übersetzerin und danach als Procurement Clerk (Einkäuferin).

Umgezogen nach Worms, Rheinland Pfalz, machte ich eine Ausbildung zur Pharmareferentin. Weitere firmeninterne Ausbildungen folgten in Hamburg und Leonberg.

Ab 1982 in Essen. Eine autodidaktische Ausbildung zur Englischlehrerin, zuerst an der Volkshochschule und kurz danach auch bei einer großen Energiefirma, hauptsächlich im Vorstandsbereich tätig, bis 2012.

Seit 2012 kümmerte ich mich intensiv um meinen chronisch kranken Mann bis Karfreitag 30.3.2018. An diesem Tag verstarb mein Mann.

Die Regenwand

Prolog

Nach unzähligen Gedanken zu einem traurigen und schwierigen Thema wage ich den Anfang. Es wird sehr viel darüber gesprochen und berichtet über die beschwerlichen Bedingungen und die schlechte Bezahlung von Pflegekräften. Aber wer vertritt wirklich die Wünsche, die Bedürfnisse und die Beachtung der Menschenwürde bei Demenzkranken? Ich provoziere, ich weiß, und viele, vor allem Fachkräfte werden sagen: Die Pflegekräfte sind gut ausgebildet und es gibt den MDK (medizinischer Dienst der Krankenkassen). Als Angehörige, die nahe am Geschehen des Pflegedaseins war, war ich sehr häufig Zeugin von unangenehme Handlungen. Ich meine damit insbesondere die Behandlungen in Krankenhäusern und Pflegeheimen an meinem über alles geliebten Ehemann, der an Demenz erkrankt war.

Ich möchte nicht falsch verstanden werden: es gibt viele gute Pflegerinnen und Pflegekräfte, aber leider gibt es auch unbedarfte. Die Kranken können sich bekanntlich nicht wehren. Die Pflegeleiterinnen, die eigentlich die richtige Ansprechpartnerinnen bei Diskrepanzen wären, verteidigen grundsätzlich ihr Personal. Es entsteht öfters eine Schachmatt-Situation, die nicht nur den Kranken schadet, sondern auch den Angehörigen, weil man mit den Gegebenheiten, sei es z.B. die fragliche körperliche Pflege oder die Atmosphäre, in der die Kranken leben müssen, nicht fertig wird.

Als Angehörige fühlt man sich in einer Sackgasse der Hilflosigkeit. Hier spreche ich - das weiß ich aus Erfahrung- nicht nur für mich, sondern auch für viele Angehörige, mit denen ich Kontakt hatte und noch habe.

Die Krankenhausaufenthalte werden vielleicht nicht ganz chronologisch dargestellt, aber die erlebten Fakten sind alle real gewesen, nicht mehr und nicht weniger.

Die Regenwand?
Dazu mehr später.

Die Regenwand

Autorin: Marilyn Schliesser

Die Kurzfassung

Die einmalige Geschichte eines Demenzkranken und seiner
Begleiterin ….......

- Anfang der Demenzkrankheit und die ersten
  Maßnahmen

- Erfahrungen in verschiedenen Krankenhäusern
  und Pflegeheimen

- Widerstand der Ehefrau gegen die teilweise un-
  menschliche Behandlungen

- Reportage vom Ganzen

- Das Ende vom Ende

E x p o s é

Arbeitstitel: Die Regenwand

Buchidee:
Der medizinische und pflegerische Weg – aber auch der
Leidensweg eines Demenzkranken, begleitet von seiner Ehefrau

Insider Information und möglicherweise   neue Erkenntnisse für
Menschen, denen eine solche Erfahrung noch bevor steht. Das
Gleiche für Fachleute, die noch nicht alles wissen und/oder
bemüht sind, das vorhandene System zu verbessern

Inhalt: Sehen Sie bitte den Anhang

Textprobe: Sehen Sie bitte den Anhang

Zielgruppe: Wie in „Buchidee“

Verkaufsargumente:
Es gibt fast 2 Million Demenzkranke und noch viel mehr
Angehörige in Deutschland, die sich für unsere Geschichte
interessieren könnten.

Bescheiden gesagt, vielleicht Information auch für Studenten
der Psychiatrie und Psychologie und für den Medizinischen
Dienst der Krankenkassen.

Viele ältere Menschen, die Angst vor einem solchen, von uns
erlebten Werdegang haben.

Konkurrenz:
Ich wüsste nicht, wer solche Information in „Fast Tagebuch Form" mit vielen Insider Details schon geschrieben hat.

Autorin Fakten: Auf einem Extrablatt

Umfang:
Ein Foto des Erkrankten und Text ungefähr 67 DIN A5 Seiten

Hier lasse ich mich von Ihnen, wenn gewollt, beraten.

Termin   Bei Interesse Ihrerseits, sofort..............

Marilyn Schliesser

Die Regenwand

Der Beginn vom Ende

Kapitel 1

Ein schöner Mann, Fachhochschul-Absolvent, Universitäts-
absolvent, groß, schlank, ehrgeizig, intelligent, sehr wissbe-
gierig, aufgeschlossen – ein Traummann! Und dann:

Irgendwann in 2014: „Du hast schon wieder Deine Schlüssel
nicht in die Schale getan. Wo sind die Schlüssel? Schon
wieder!" So ungefähr fing es an, die schreckliche, Angst ein-
flößende Demenzkrankheit. Die schleichende Krankheit, wie ein
gnadenloses Monster kroch sie langsam und unaufhaltsam in
seinen Kopf hinein. Die Diagnose bei dem verständnisvollen
Psychiater/Neurologen lautete nach den üblichen Tests „Alzheimer", was im späteren Verlauf der Krankheit in Levy Body
Demenz geändert wurde. Eine noch fiesere Demenzform als
Alzheimer.

Warum er? Ein liebevoller, toleranter Mensch, der wie ein
Magnet Menschen an sich zog durch seinen ununterbrochenen
Charme und Neugier. Ob es der Taxifahrer war, der uns zum
Flughafen um 03:00 Uhr morgens fuhr und er den zumeist
begeisterten Mann mit Fragen löcherte bezüglich der Leistung
seines Autos und ihn aufklärte über seinen alten Diesel oder der
Professor an der Universität („die kennen mich alle mit
Namen" - erzählte er dann so nebenbei). Heute würde ich gerne
nur noch einmal dieses Frage- und Antwortspiel erleben.

In diesem 2014 wurde damals die Pflegestufe 0 (die damalige
Bezeichnung) beantragt und genehmigt. Am 21.09.2015 wurde
Pflegestufe 1 festgestellt (heute wäre dies Pflegestufe 3).

Kapitel 2

Das tägliche Leben - die Körperhygiene, essen und trinken, die Tabletteneinnahme, Mobilisation, die Betreuer/Betreuerinnen, Arbeit, die Arztbesuche. Bei der Anamnese bin ich immer dabei. Die Arztbesuche laufen normalerweise gut ab. Die Hausärztin, die Fachärzte sind sehr verständnisvoll und respektvoll. Müsste ich selber zum Arzt, dürfte er auch dabei sein. Demenzkranke können schlecht alleine sein. Die sind öfters ängstlich. Menschen, die nur am Rande etwas über Demenzkranke wissen, erzählen, dass Demenzkranke aggressiv werden. Letzteres habe ich sehr selten als Angehörige zu Hause und in Pflegeheimen erlebt und wenn schon, ist es für mich nachvollziehbar, wenn ein Demenzkranker ausflippt, um es flapsig zu formulieren. Die wissen, dass sie anders geworden sind und dass sie nicht mehr über ihre alte Persönlichkeit verfügen können.

Zurück zum täglichen Leben. Als die Hauptbezugsperson war ich nicht mehr nur die besorgte Ehefrau, sondern auch die Lebensbetreuerin, Organisatorin und Pflegerin. Ein Hoch auf die Techniker Krankenkasse für ihre gute Kooperation und freundliche, professionelle Unterstützung.

Eine andere Welt ist entstanden und der geistige und körperliche Verfall ist sehr wahrnehmbar und schmerzhaft. Die verschriebenen Medikamente sollen die schon vorhandene Herzinsuffizienz verbessern und die relevante Medikation für die Demenzindikation soll den zerebralen Vernichtungsprozess aufhalten. Tut sie das? Es gibt keine Alternativen. Die Wissenschaft stagniert. Gegen die Demenzkrankheit war und ist noch kein Heilmittel vorhanden.
Die medizinischen Vorschläge, die fast wöchentlich in den

Medien kursieren, betrachte ich sehr kritisch. Mein Mann hat sich vor und auch nach der Bekanntgabe seiner Demenzkrankheit geistig beschäftigt. Als Mitglied in Energie Foren von NRW oder der Universität Essen/Duisburg war er ein gern gesehener Gast. Sportlich war er auch sehr aktiv. Er trank keinen Alkohol, rauchte nicht und achtete auf eine konstante schlanke Figur. Er war emotional sehr glücklich. Soviel zu den vielen Vorschlägen, die eine Demenz aufhalten sollen.

Kapitel 3

Die Grad der Behinderung wird auf 50% gestellt. Ich versuchte, ihm trotzdem eine gewisse Lebensqualität zu geben, z.B. seine wöchentlichen Sporttreffen in einer Schulhalle. Zuvor ist mir von seinen Sportkameraden dringlichst geraten worden, ihm das Autofahren zu verbieten (!) Gut, habe ich gemacht. Aber es war nicht einfach, einem erwachsenen Mann praktisch seine Würde zu nehmen. Einem Mann, der sehr viel Ahnung von Motoren hat und er soll sich nicht mehr hinter ein Lenkrad setzen? Er hat es verstanden und wir vereinbarten, dass ich ihn zu seiner Sportstelle begleiten würde, ihm bei der Umkleide helfe und dezent im Hintergrund auf ihm warte. Ich kontrollierte, dass er nicht überfordert wurde, z.B. bei Gleichgewichtsübungen. So war ein Sozialkontakt noch erhalten. Auch, als er nicht mehr turnen und kaum noch reden konnte, durften wir an der jährlichen Weihnachtsfeier teilnehmen. Festzuhalten ist, dass die Sportkameraden und die Turnleiterin sehr verständnisvoll waren, wofür ich ihnen noch heute sehr dankbar bin.

Sportmäßig, zusätzlich zu dem zuletzt genannten Turnverein, hat Peter an einer Reha Herzsport gemäß ärztlicher Verordnung teilgenommen. Hierzu begleitete ich ihn auch, weil er Probleme hatte, sich von einem Teil des Hauses, wo sich die Ergometer befanden, zu einem anderen Teil, wo die Fitness Geräte waren, zurecht zu finden. Leider wurde er nicht immer von den Sportkollegen assistiert. Vielleicht waren sie mit seiner Hilflosigkeit überfordert.

Zurückblickend beantragte ich in dieser Zeit eine Reha-Maßnahme für uns beide. Der Schwerpunkt bei Peter – seine

Herzinsuffizienz. Nach der (wahrscheinlich) üblichen Ablehnung legte ich Widerspruch ein, führte dann mehrere Telefongespräche mit der entscheidenden Reha - Bewilligungsabteilung und Peter bekam eine Reha genehmigt mit mir als Begleitperson. Die Krankenkasse genehmigte mir eine Badekur, die ich später in Anspruch nahm. Dabei konnte/musste ich Peter mit mir nehmen. Letzteres funktionierte, war minimal stressig.

Für Peters Reha-Maßnahme wählte ich eine empfohlene Reha-Klinik im Schwarzwald aus. Wir fuhren dorthin mit dem Zug. Diese Reha Klinik, direkt an einem schönen Park und ein tolles Thermalbad waren sehr gut. Peter hat die verschriebenen Maßnahmen fast alle gut bewältigt. Nur von den Gleichgewichtsübungen musste man Abstand nehmen. Er war sehr motiviert. Ein Stressfaktor ergab sich bei einer ziemlich strengen, jungen Psychologin, die es mir nicht gestattete, bei ihrer Sitzung mit Peter anwesend zu sein. Sie schloss mich total aus. Peter war nervös und beunruhigt. Bei dem leitenden Professor fand ich das Verständnis, das ich erwartet hatte. Die weiteren Sitzungen mit der Psychologin wurden storniert. Bei allen weiteren Ärzten und Physiotherapeuten waren wir sehr zufrieden.

Kapitel 4

Im März 2014 kommt Peter in eine Tagespflegeeinrichtung, erstmals einmal wöchentlich, später öfters. Er wird dort zusammen mit anderen demenzkranken und gebrechlichen, zumeist älteren Menschen sehr gut und liebevoll von der hervorragenden Leiterin und ihren Mitarbeiterinnen betreut. Es wird gespielt, gegessen, getrunken und ausgeruht, immer unter Aufsicht. Die Tage fingen an mit einer herzhaften individuellen Begrüßung, zumeist von der Tagespflegeleiterin, einer Dame mit einer freundlichen und warmen Ausstrahlung, dabei stets sehr modisch gekleidet. Er strahlte sie immer an. Danach wurde gefrühstückt.

Damals konnte er noch sein Mobiltelefon bedienen. Er rief mich öfters an, bis zu sechsmal am Tag und wollte, dass ich ihn von der Tagesstätte abhole. Ich brauchte die betreuerlose Zeit nicht nur für eine kleine Auszeit, sondern auch, um die notwendigen Termine zu erledigen. Später fragte er mich, ob man mit dem Handy telefonieren könnte. Mit vielem, bei dem er selber merkte, dass seine kognitiven Fähigkeiten am Verschwinden waren, bat er mich inbrünstig, ihm zu erklären und zu zeigen, wie Sachen funktionierten, z.B., wie man die Autotür zumacht. Einem ehemals sehr intelligenten Menschen – der unter anderem als Verfahrensingenieur gearbeitet hatte - diese Vorgaben zu präsentieren, tat mir in der Seele weh. Aber ich habe mich, wahrscheinlich wie andere Angehörigen auch, immer beherrschen können oder müssen.

Die damaligen Pflegestufe 2 wurde beantragt und genehmigt.

Ungefähr zu dieser Zeit hat er Schwierigkeiten, seinen Namen zu schreiben und er drängte mich dazu, ihm zu helfen. Bei einem anstehenden Neurologenbesuch wurde die Sache erörtert und der verständnisvolle Arzt gab eine Überweisung für eine Ergotherapeutin. Die nette, engagierte, junge Fachfrau gab sich viel Mühe, konnte aber leider das Problem auch nach mehreren Sitzungen, zu denen ich Peter begleitete, nicht beheben.

Er musste ständig eine vertraute Person um sich haben. Ich konnte ihn zum Einkaufen mitnehmen, musste ihn aber immer im Auge behalten. Sonst geriet er in Panik. Die Dienste von liebevollen Betreuerinnen und Betreuern wurden in Anspruch genommen. Er mochte sie alle. Die Pflegekasse bezahlte nur einen Teil der Kosten und ich bezahlte Lehrgeld, um die preiswertesten Betreuungsstunden heraus zu finden. Nur nebenbei gesagt, die Diakonie war am teuersten.

Die Grad der Behinderung wurde auf 80% gestellt. Einmal monatlich gingen wir in die Arztpraxis zu seiner (und meiner) geliebten Hausärztin. Wegen der Blutverdünnung musste ein Pricktest gemacht werden. Wir waren in die Residenz umgezogen, die aber zu weit von der hausärztlichen Praxis entfernt war und deshalb konnte unsere Ärztin keine Hausbesuche machen. Die Suche nach einer Ersatzpraxis war erfolglos. Entweder gab es einen Patientenstopp (für Kassenpatienten) wegen fehlender Kapazitäten oder die Praxen machten keinen Pricktest (das Blut wurde nur kurz vom Finger abgenommen), sondern bestanden darauf, jedes Mal eine Blutabnahme aus der Armvene zu machen, was deutlich belastender für den Patienten ist. In einer dieser ortsnahen Praxen musste ich kämpfen, um während der Behandlung bei ihm bleiben zu können. Ein dortiger Internist meinte auch dazu, ich sollte morgens seinen Puls abtasten um festzustellen, ob Peter eine Arrhythmie hatte oder nicht. Nach der bis dato guten Behandlung in der bekannten

Hausarztpraxis und mit meinen Ausbildungen in Erster Hilfe und als geprüfte Pharmareferentin entschied ich mich, so lange wie möglich in der gewohnten Hausarztpraxis zu bleiben.

Kapitel 5

In Essen gab es kein passendes Sportangebot für Demenzkranke. Gut, dass man im Ruhrgebiet dann auf eine naheliegende Stadt ausweichen kann. Diese fand ich in Hattingen bei der dortigen Alzheimer Gesellschaft. Wir trafen uns einmal wöchentlich im Büro (weil die dafür vorgesehene Halle mit Asylanten besetzt war) zusammen mit zwei oder drei anderen Ehepaaren. Jeweils einer der Partner oder der Partnerin war krank. Der/die andere war gesund. Zu 90% wurden unter der Anleitung von einer sehr netten und bestens qualifizierten Sportleiterin abwechslungsreiche Sportübungen im Kreis im Sitzen gemacht. Es waren immer vergnügliche Stunden. Sportlich war es auch sehr gut: physisch und geistig anregend, soweit die Reaktionsfähigkeit der Kranken angesprochen wurde.
Leider hörten diese Stunden nach einer der vielen Krankenhausaufenthalte auf, die zwar eine Genesung mit sich brachten, aber die Demenzindikation von Peter verschlechterte. Diese Krankenhausbesuche waren teilweise trotz Chefarztbehandlung und 'möglicher Einzelzimmeransprüche' einfach schrecklich. Die Ärzte/Ärztinnen waren in Ordnung. Aber nur zu oft war das Pflegepersonal - zum Teil oder ganz - entweder nicht ausreichend qualifiziert oder lustlos. Was sagte mir ein Pflegedienstleiter bei der Frage, warum mein Mann den ganzen Tag auf dem Flur im Rollstuhl sitzen musste und ganz geschwollene Füße bekam? „Ihre Erste Klasse hier betrifft nur das Zimmer und die Chefarztbehandlung!" Das letztere zeigte sich erst nach einer Woche in diesem Krankenhaus. So etwas stand aber nicht auf der Rechnung.
Zu den Details der Krankenhausaufenthalte komme ich noch.

Kapitel 6

Anfang Juni 2016 fuhr ich mit Peter nach Flensburg, um an dem 50-jährigen Jubiläum seiner damaligen Schiffsingenieursfachhochschule teil zu nehmen. Er konnte sich mehr oder weniger an alle Teilnehmer erinnern und freute sich sehr, seine ehemaligen Freunde und Kollegen von damals zu sehen. Sie ihn auch. Natürlich waren sie besorgt und traurig, teilweise sprachlos über seinen Gesundheitszustand. Einige Teilnehmer fehlten, waren naturgemäß leider schon vorher gestorben. Trotzdem waren bemerkenswerte (ungefähr) vierzig Teilnehmer, viele mit ihren Ehefrauen, dabei. Peter war der Einzige, der die Krankheit „Demenz" hatte.

Die Feierlichkeiten gingen über vier Tagen. Zusammen mit mir schaffte Peter ungefähr siebzig Prozent des Programms. Unter diesen Umständen fuhren wir wehmütig, aber zufrieden nach Hause. Das war für ihn ein würdiger Abschied von einer der ehemals glücklichsten Phasen seines Lebens. Keiner der Freunde in Flensburg sah ihn je wieder.

Kapitel 7

Das Leben in der zweiten Etage einer zwar schönen Wohnung irgendwo in einem ruhigen Vorort von Essen NRW, aber mit schwierigen Mietverhältnissen behaftet, war nicht einfach. Die Vermieterin ignorierte fast alle gemeldeten Probleme, die erlebt wurden. Dieses Verhalten ist von Anfang an so gewesen und nur verstärkt durch die mehrfach juristisch unterstützten Widersprüche kamen wir z.B. gegen die überhöhten Betriebskostenabrechnungen an. Lärmbelästigungen von direkten Nachbarn, Instandhaltungsarbeiten? Da stieß man nur auf Schweigen. Diesen Umstand bedauerte ich wirklich, weil wir da ja andere Probleme hatten.

Ich ertrug, dass die Fenster in der Waschküche vom November bis zum Mai des darauf folgenden Jahres nicht geöffnet werden durften (Energiesparmaßnahme), aber als wegen der neuen energiesparenden Heizungsanlage die Kälte in unserer Wohnung nicht zu beheben war (bei einem herzkranken Ehemann), war mir klar, es ging nicht mehr. Auch für mich persönlich: da ich die Wäsche und die Einkäufe nur mit Mühe in die Wohnung schleppen konnte (nach unserem Umzug hatte ich einen dreifachen Bandscheibenvorfall), wusste ich, dass wir umziehen mussten.

Peter war in einem Seefahrtverein, der innerhalb einer Seniorenresidenz angegliedert war und zeigte Interesse an dieser Wohnmöglichkeit. Wir machten eine Besichtigung in besagter Residenz, bekamen ein Angebot, was mir zu teuer vorkam. Ein zweites Angebot folgte und nach einem anfänglichen mentalen Akzeptanzproblem (ich konnte mich nicht entscheiden!) habe ich zugesagt.

Die Planung und Ausführung des Umzugs war trotz professioneller Assistenz eine riesige Aufgabe. Von einer großen Wohnung in eine viel kleinere war einfach sehr schwierig. Es klappte aber.

Während der Vorbereitungsphase bezüglich des kommenden Umzugs nahm ich die Möglichkeit wahr, Peter öfters in der Tagesstätte abgeben zu können, was ihm gar nicht gefiel. Es ging aber nicht anders.

Säckeweise brachte ich Haushaltswaren zu einer kirchlichen Einrichtung, Bücher in eine Arztpraxis und in die Stadt, wo Jedermann (oder Frau) sich Bücher umsonst mitnehmen kann. Die Segelsport- und Surfsportartikel, die technischen Geräte im Keller und ein paar andere Gegenstände habe ich verkaufen können.

Wir sind umgezogen in eine schöne Seniorenresidenz mit einem ambulanten Pflegebereich. Leider stellte sich später heraus, dass Peter einen stationären Bereich benötigte.

Die erste Nacht verbrachten wir in einem Gästezimmer und haben am nächsten Tag verschlafen! Bewohnerinnen informierten mich, dass man einen Tag Zeit hätte, um die mitgelieferten Umzugskartons, die im Gang vor dem Appartement gestapelt waren, zu entfernen. Ich brauchte eine Woche! Der dreifache Bandscheibenvorfall rettete mich!

Am letzten Miet-Tag in der alten Wohnung kamen die Entrümpler – die bestellte Firma machte ihre Sache gut. Sie verkauften auch ein Ölgemälde von uns.

Kapitel 8

Die Residenzzeit beginnt. Peter kommt trotzdem zweimal wöchentlich in die gewohnte Tagesstätte außer Haus - zum Verdruss der Leiterin der Residenz-Pflegeabteilung. Dort brachte ich ihn hin nach Bedarf, was ungern gesehen wurde, obwohl mit der Verwaltung vor dem Einzug etwas Anderes besprochen wurde. So machte ich dann einen Zeitplan, der verlangt wurde, immer wöchentlich im Voraus, was bei Ärzte- und anderen Terminen nicht immer so einfach war. Das Pflegepersonal mochte keine ungefähren Zeiten. Die stören den Ablauf, obwohl wir immer ganz leise und unauffällig in der Abteilung rein und raus gegangen sind! Ich wollte ihm auch selber das Abendbrot machen und es mit ihm teilen, deswegen holte ich ihn früher ab. Dies wurde auch nicht gerne gesehen.

Allen Widerständen zum Trotz, das Residenz-Pflegepersonal war sehr professionell und liebevoll. Sie machten und machen eine würdevolle Arbeit und man merkt, dass die kranken Bewohner und Bewohnerinnen sich dort in der besagten Abteilung wohl fühlen.

Sonst versuchte Peter, Gespräche mit Bewohnern zu führen und ärgerte sich selbst darüber, dass er öfters den Faden verlor. Er wurde gemocht und später erzählte man, was für ein schöner Mann er war und wie er erzählt hatte.

Peter wurde von Woche zu Woche unruhiger. Er wurde auch noch zusätzlich krank. Eines Tages schlief er sehr lange und ein Notarzt musste gerufen werden. Er kam ins Krankenhaus in eine geriatrische Abteilung. Eine Lungenentzündung wurde diagnostiziert. Und der behandelnde Chefarzt berichtete mir, dass sein Demenzzustand sich durch die erneute Krankheit verschlechtert hatte.

Eine merkwürdige Pflegesituation erlebten wir in diesem Krankenhaus: alle sechs Pflegekräfte machten zur selben Zeit für dreißig Minuten ihre Pause und die Patienten und ihre Angehörigen wurden ignoriert! Obwohl man Hilfe benötigte, musste man einfach das Ende der Pause von allen Pflegekräften, die zu der Krankenstation gehörten, abwarten.

Kapitel 9

Im Juli 2016 kam Peter in ein mittelgroßes Krankenhaus in einem Vorort. Symptom: Schwindel. Er wurde freundlich aufgenommen, ein Einbett-Zimmer war nicht verfügbar. Es war ein Doppelzimmer im wärmsten Teil des Krankenhauses und die Tagestemperatur war sehr hoch. Ein netter, älterer Mann als Mitbewohner.

Medizinisch neue Erkenntnisse, d.h. die Ursache für seinen Schwindelanfall, haben die Ärzte nicht feststellen können. Negativ in Erinnerung bleibt nur, wie ich eine reifere Krankenschwester um Hilfe bei der Bettlagerung gebeten habe, als ich bei meinem Mann zugegen war. Sie erwiderte barsch: „Das kann er (meinen Mann meinend) selber machen, er ist vorhin wie ein junges Reh herum gehupft!" Letzteres war mir völlig unglaubwürdig. Mein Mann war sehr wacklig auf den Beinen, was auch sein Zimmernachbar bestätigte. Ich reagierte energisch, dass ich alleine die Umlagerung nicht machen könnte und dass es eigentlich ihre Arbeit wäre, dies zu tun. Die Krankenschwester stürmte aus dem Zimmer und kurz danach kam ein Pfleger, der sich sehr ernsthaft als Vertreter des Pflegepersonals vorstellte. Er fing an, mir lautstark zu sagen, dass ich so nicht mit einer Schwester zu reden hätte. Ich bat ihm leiser darum, dass wir aus dem Raum auf den Gang gehen sollten, um dort die Sache klären, damit wir die Patienten (insbesondere meinen Mann mit seinen Angstzuständen) nicht störten. Diese Bitte wurde total ignoriert und ich musste mir einen langen Vortrag anhören - laut und völlig fehl am Platz in einem Krankenzimmer! Ich durfte nicht dazwischen reden.

Diesen Vorgang habe ich der Krankenhausdirektion schriftlich
mitgeteilt, wofür ich ein Entschuldigungsschreiben erhalten
habe. Genugtuung fühlte ich nicht, besonders, weil ich zu-
nehmend merkte, dass die eigentlichen Autoritäten in deutschen
Krankenhäusern nicht oben, sondern eher auf den unteren
Rängen zu finden sind.

Am letzten Tag von Peters Aufenthalt in diesem Krankenhaus
war ich wieder zugegen und habe sein Bett ordentlich gemacht
und sah, dass die Bettwäsche vom Nachbarn, der gerade kurz
abwesend war, auch total durcheinander war. Ich rückte die
Bettwäsche gerade und fand zufällig unter der Inkontinenzauf-
lage ein scharfes Messer! Der ältere Mann kam zurück ins
Zimmer. Wir schauten uns zuerst beide nichtssagend an. Er
nahm aber bestimmt das Entsetzen in meinen Augen wahr. Ich
sagte dann: „Das Messer tue ich weg".

Mein Mann nahm ein Blutverdünnungsmittel als Teil seiner Medikamente ein. Ich versuchte, mir mögliche Konsequenzen nicht
auszumalen, schwieg aber zu dem Vorfall und war froh, als wir
das Krankenhaus verlassen haben.

Kapitel 10

Im Mai 2017 gab es einen Tag der offenen Tür in einem ortsnahen Krankenhaus in einem Nachbarstädtchen und wir gingen hin. Ich suchte ein Gespräch mit der Oberärztin aus der geriatrischen Abteilung und ließ mich beeindrucken. Ich versuche, immer voraus zu planen.

Peters Medikation musste neu ermittelt werden. Er hatte lange keinen Arzt bezüglich seines neurologischen Zustands in Kombination mit seiner Herz-Rhythmusstörungsindikation gesehen. Ich brachte ihn in das zuletzt genannte Krankenhaus.

Leider wurde Peter unheimlich gestresst von dem Pflegepersonal. Die Prozedur war immer ähnlich. Mir wurde befohlen, aus dem Krankenzimmer zu gehen. Ich stehe im Gang und höre ihn schreien. So etwas war sehr schwer zu ertragen. Später war ich genau im Bilde, was passierte. Die Pfleger haben die Aufgabe, dem Patienten seine Vorlage zu wechseln und ihn zu waschen. Fremde Menschen, vor allem junge, unerfahrene Männer und Frauen schauen und fassen ihn unangekündigt und ohne Vorwarnung im intimsten Bereich an und behandeln ihn wirklich würdelos. Alles, was einem Pfleger einfiel, mir zu sagen nach meinen verzweifelten Widersprüchen war folgender Satz: „Wenn Sie ihn anfassen, da wird er Ihnen den Arm brechen, eine solche Kraft bringt er auf. Wir müssen uns wehren!" Später stand im Arztbericht, dass er gegenüber dem Personal handgreiflich geworden ist. 'Einer flog über dem Kuckucksnest' lässt grüßen!!

Warum wird das Personal nicht besser geschult im Umgang mit Demenzerkrankten? Ich wage es zu sagen, dass Demenzerkrankte mehr verstehen, als sie selber ausdrücken können, genau wie ich früher als nicht deutsche Muttersprachlerin. Man muss sie verbal vorher sehr behutsam auf einen kommenden Vorgang vorbereiten.

In besagtem Krankenhaus wurde die Medikation umgestellt, leider zu intensiv. Er war vollgepumpt, hing seitlich in einem Rollstuhl festgeschnallt. Hier wurde auch die überarbeitete Indikation von Alzheimer in Levy Body geändert - eine noch aggressivere Demenzform.

Auch um die Obstipationsfrage kümmerte ich mich – zäpfchenmäßig. Ich nahm, um Peter ruhig zu behalten, eine Leitposition an, ein Pfleger hat mir geholfen. Dieses Problem, obwohl es immer in den vorherigen Arztberichten gestanden hat, ist regelmäßig ignoriert worden.

Hier, wie so häufig, hatte eine Zusammenkunft zwischen Ärztin und Patientenvertreterin stattgefunden, aber Erfahrungswerte wurden nicht zwischen dem Pflegepersonal und dem Patientenvertreter ausgetauscht. Man kauft die Katze im Sack!

Bei einer Aussprache mit der Oberärztin wegen des Abschlussgesprächs wurde mir empfohlen, Peter in eine stationäre Pflegeabteilung zu geben. Nüchterne Worte mit tiefem und teilweise schaurigem Hintergrund. Ich bejahte; eine Entscheidung mit weitreichende Folgen.

Kapitel 11

Ich nahm Kontakt auf zur angegliederten Pflegeabteilung von der schönen Tagesstätte, wo Peter bis dato gewesen war und aufgrund der länger existierenden Beziehung bekamen wir sofort ein schönes Zimmer für ihn angeboten, was zufällig frei geworden war. Das überschaubare Haus machte einen sehr sauberen und freundlichen Eindruck. Auffallend war eine gewisse Unabhängigkeit der Bewohner und Bewohnerinnen. Ich beobachtete, wie sie sich selbstständig vom Zimmer bis zum Fahrstuhl und nach unten bewegten, um nach draußen zu gelangen, einige in Rollstühlen. Mit einer Ausnahme, eine ältere Dame, die die Hilfe einer Pflegerin benötigte. Ich ging auf die Suche, bis ich jemanden auf einer anderen Etage fand und ich bat die Pflegerin, der Dame zu helfen. Das Personal war zurückhaltend, aber höflich und ich dachte: „Es wird schon gut gehen." Leider kam es anders.

Ich sagte der Pflegeeinrichtung sofort zu und arrangierte Peters Transport vom Krankenhaus bis zum Heim.

Das Ereignis, was geschah, nachdem Peter sein neues Zuhause, sein Krankenzimmer, in Anspruch genommen hatte, zeichnete sich als richtungsweisend für seinen Weitergang dort. Mich schauderte es, wenn ich den Vorgang wieder gedanklich erlebe.

Peter stand im Zimmer und routinemäßig kamen die Pflegerinnen zu dritt ins Zimmer. Mit wenigen Worten nahmen und hielten zwei der Frauen - eine auf jeder Seite - seine Arme und ohne Vorwarnung löste die dritte Pflegerin seine Inkontinenzvorlage, um die auszutauschen. Er stand da - entblößt vor mir und den drei fremden Frauen. Er war entsetzt! Zu Recht! Ich fand den Vorgang würdelos und war sprachlos! Für die Pflegerinnen war es normal. Die haben ein großes Pensum an Arbeit, aber einen pflegebedürftigen Bewohner, der von der Demenzkrankheit und durch eine total neue Umgebung mit Ängsten beladen ist, einfach zu entblößen?!

Krankheitsbedingt konnte Peter sich verbal nicht mehr äußern und er schrie uns sein Missfallen mit weit geöffneten Augen entgegen. Ich schaute die Frauen vorwurfsvoll an und schaffte es, ihn zu beruhigen.

Danach kam das Abendbrot. Mein Mann aß wenig. Ich blieb bis 19:00 Uhr und habe ihn ins Bett gebracht. Er war ruhig. Ich versprach, am nächsten Morgen wieder da zu sein. Irgendwie hatte ich kein gutes Gefühl, aber man will nicht (häufig) negativ als Angehörige beim Personal auffallen. Ich bat die Betreuer, nach ihm zu schauen. Ich überlegte, ob ich eine Liege holen sollte, um wenigstens für die erste Nacht da zu bleiben, aber ich dachte mir: „Es wird schon gut gehen".

Irrtum, es kam zu einer Beinah-Katastrophe!

Am nächsten Morgen gegen 9:00 Uhr bekam ich einen Anruf von der Pflegeabteilung, ich sollte bitte kommen. Ich fuhr eilig zum Pflegeheim. Peter saß friedlich schlafend in einem Rollstuhl am Fenster.

Mit sehr ernstem Gesicht erzählte mir die Pflegeleiterin, dass Peter in der Nacht aufgestanden wäre und in einem Besenschrank landete, wo er praktisch randalierte. Er ließ sich vom Personal nicht anfassen. Sofort wusste ich, dass er in Panik gewesen war. Mitten in der Nacht, alleine, in einer total fremden Umgebung mit Menschen, die er nicht kannte und vor denen er

Angst hatte. OH GOTT!! Das war mein Fehler. Warum habe ich
ihn alleine da gelassen?

Was war zu tun? Die Heimleitung schlug vor, dass die praktische
Hausärztin, die zufällig im Hause war, an diesem Tag Peter an-
schauen sollte. Ich sprach mit der freundlichen Ärztin. Sie
empfahl, dass Peter zuerst auf einer psychiatrischen Station in
ein Krankenhaus kommen sollte mit dem Ziel, seine Medikation
richtig eingestellt zu bekommen. Weil ich es nicht besser wusste,
stimmte ich zu.

Die Ärztin schaffte es, sofort in einer überfüllten, psychiatrischen Station eines großen Krankenhauses ein Bett für ihn zu
bekommen. Eine geschlossene Abteilung.

Kapitel 12

Mit der vorhandenen Zusatz-Krankenversicherung bekam Peter ein Einzelzimmer. Das Fenster war verbarrikadiert, das Badezimmer uralt und kein Bild an der Wand. Trostlos.

Die anderen Zimmer waren Mehrbett- (= Drei- oder Vierbettzimmer) mit nur Männern oder nur Frauen besetzt. Die Hälfte der Patienten war im Bett oder befand sich im Speisesaal oder im Gang. Im Aufenthaltsraum bzw. Arbeitszimmer des Pflegepersonals hielten sich öfter zwei oder drei von den Pflegern /Pflegerinnen auf. Besucher konnten klingeln, um herein gelassen zu werden, nicht vor 10:00 Uhr und bleiben konnte man bis 19:00 Uhr. Heraus kam man – als Besucherin oder Besucher - nur nach einer Anforderung an das Personal.

Nach der ersten Nacht fand ich Peter im Gang sitzend in einem Rollstuhl, apathisch aussehend. Wir verbrachten viel Zeit in seinem Zimmer oder im Aufenthaltsraum, wo die Musik leider meistens zu laut war. Peter war empfindlich gegen laute Musik.

Am dritten Tag kam ich später bei Peter an, weil ich vorher anderweitig einen Termin hatte. Peter war im Gang im Rollstuhl und seine Fußgelenke waren dick angeschwollen. Ich sprach den leitenden Pfleger an und habe ihm gesagt, dass Peter nicht so lange (10 Stunden!) im Rollstuhl sitzen dürfe. Peter müsste nach dem Mittagsessen auf sein Bett hingelegt werden, vielleicht bis zur Kaffeezeit. Denn das lange Sitzen sei ein Zustand wie im Flugzeug und dies ohne Anti-Thrombose Strümpfe. Der Chefpfleger, der mir wie ein Türvorsteher vorkam (!), sagte mir:

„Nein, Peter hat Wasser in den Beinen. Er braucht ein Anti-diuretikum." Unbeeindruckt von dieser unfachmännischen Mei-nung bestand ich darauf, dass er zwischendurch mobilisiert wur-de und machte mich natürlich noch unbeliebter bei dem Pflege-personal. Ich verstand, dass die Pfleger ihn im Auge behalten wollten, aber nicht so.

Fakt ist, dass viele Demenzerkrankte den ganzen Tag in ihren Rollstühlen ausharren müssen. Dies ist unmenschlich.

An diesem dritten Tag durfte ich (als Ehefrau und beauftragte Betreuerin) die behandelnde Stationsärztin sprechen. Ich hatte um ein Arztgespräch gebeten. Nach stundenlangem Warten sprach die Stationsärztin widerwillig mit mir. Ich bat sie, die Medikation von Peter zu kontrollieren und eventuell neu zu ordnen. Das Gespräch war kurz und emotionslos. Ich kam mir überflüssig vor. Leider vergaß ich, eine Frage zu stellen, durfte diese nicht nachstellen. Dass die Ärztin überarbeitet war, war mir klar, aber wer in die Psychiatrie geht, sollte vielleicht mehr Rückgrat zeigen und sich bewusst sein, unter was für einem psychischen Druck man als Angehörige steht wegen der Sorgen, die man hat.

Ich kam, wie so oft, mit den Patienten/Patientinnen gut klar; mit dem Personal, das – gefühlt - sehr oft Angehörige als notwendi-ges Übel betrachtet, war es manchmal schwieriger. Eine junge Pflegerin, die von einer Diskussion zwischen dem leitenden Pfleger und mir wahrscheinlich berichtet bekommen hatte, war mir feindselig und respektlos gegenüber. Die Musik im Speise-saal hatte laut zu sein und ich sollte mich nicht einmischen. Ich ignorierte sie.

Der leitende Pfleger informierte mich auch, dass die private Krankenzusatzversicherung nur für das Einzelzimmer und die

Chefarztbehandlung wäre. Eine zusätzliche Pflegeleistung (die ich nicht verlangt habe) wäre nicht dabei!

Nach einer Woche, die Peter in der Psychiatrie war, bat ich das Pflegepersonal, ihn zu duschen. Dies geschah nicht. Nach noch drei weiteren Tagen hakte ich nach. Die Pfleger waren nicht interessiert, gaben sich bedeckt. Gut, Peter hatte fast von Anfang an eine starke Abneigung gegen jeglichen Körperkontakt von Fremden, sicherlich begünstigt durch die teilweise schlechten Erfahrungen mit Pflegern. Ich konnte nach langem Zureden die Assistenz von einem jungen, türkischen Pfleger für uns gewinnen und ich schaffte es, Peter trotz seines starken Widerstands wegen seiner Angstzustände zu duschen.

Für den geregelten Toilettengang habe ich auch eine notwendige Maßnahme eingeleitet. Schon wieder! Wie viele Darmverschlüsse gibt es im Jahr in Deutschland? Dies würde mich interessieren. Die Mutter einer Freundin von mir ist im Heim daran gestorben.

Erst nach ca. 8 Tagen Aufenthalt in der geschlossenen Abteilung gab es ein offizielles Gespräch mit einem Professor und dem zuständigen Oberarzt. Peter war eigentlich 'Privatpatient', davon hatte ich bis dato nicht viel gemerkt. Später saßen wir am Tisch mit dem Oberarzt, dem Stationspersonal und einen Sozialarbeiter. Man wollte besprechen, wie es weiter gehen würde. Der Vertrag in dem Pflegeheim (mit dem Besenkammervorfall) war im beidseitigen Einverständnis aufgelöst worden. Der Sozialarbeiter versprach, mir zu helfen. Ich meinerseits besichtigte mehrere Pflegeheime, sogar in Nachbarstädten, aber ich lehnte alle ab. Eine entscheidende Frage, nämlich wie hoch die Anzahl der zur Nachtzeit anwesenden Pflegekräfte sei, wurde meistens mit „2 Pfleger für 160 Patienten" beantwortet! Die Pfleger waren oft auch nicht ständig auf den zu betreuenden Etagen. Man kann sich ausmalen, was passiert, wenn ein Bewohner sich verläuft und z.B. hinfällt und es ist keiner da. Viele Bewohner sind nicht in der Lage, auf den Notknopf zu drücken. Da werden, wenn es einen Notfall in einem Teil vom Pflegeheim gibt, stundenlang psychische Kranken in anderen Heimsektoren alleine gelassen. Was sagt dazu der MDK?

Ich besuchte und wurde beraten in einem Pflegeheim im Norden von Essen, bekannt für die Unterbringung von Demenzerkrankten. Ich bekam durch die persönlichen Gespräche in der Verwaltung und die Information aus der Marketing Literatur den Eindruck, dass das Konzept des Hauses das Beste wäre, was zu haben war. Es war kein verfügbares Bett in dem Heim vorhanden und man versprach mir eine Kontaktaufnahme, sollte ein Pflegezimmer für Peter frei werden.

Der schon genannte Sozialarbeiter in dem Krankenhaus wurde ungeduldig mit mir, er meinte, ich sei zu wählerisch (obwohl ich praktisch seine Arbeit erledigte). Diesmal wollte ich auf keinen Fall den Aufenthaltsort in einem Pflegeheim übereilt festlegen.

Ich erkundigte mich bei einem Pflegeheim in einem ländlichen kleinen Ort. Man bejahte die Frage nach einer psychiatrischen, gerontologischen Abteilung. Der Heimleiter beeindruckte mich. Er war freundlich und beantwortete alle meine Fragen. Ja, ein Einzelzimmer wäre vorhanden. Wir vereinbarten zuerst einmal die Kurzzeitpflege, die mich als Angehörige betraf. Danach konnte die zweite Stufe der Pflegezeit folgen.

In Absprache mit dem Sozialarbeiter in dem Krankenhaus wurde ein Krankentransport arrangiert und wir konnten dieses Krankenhaus verlassen. In der letzten Sekunde bekam ich den Abschlussbericht. Es gab kein weiteres Arztgespräch. Ich war

froh, mit Peter aus der beklemmenden Atmosphäre der geschlossenen Abteilung zu kommen.
Es ist noch zu erwähnen, dass ich inzwischen seit Monaten in einer Alzheimer Angehörigengruppe war, angegliedert an die Tagesstätte. Sie wurde geleitet von der sympathischen und kompetenten Tagesstätten-Chefin. Man trifft sich einmal im Monat und bei Kaffee und belegten Brötchen oder Kuchen tauscht man sich verbal aus.

Diplomatie ist nicht unbedingt meine Stärke und bei dem letzten Treffen mit der Alzheimer Angehörigengruppe, dem ich beigewohnt habe, äußerte ich mich negativ über die Pflegeabteilung. Eine Dame vom Patientenbeirat war ebenfalls anwesend. Ich hatte noch das Bild der Entblößung meines Mannes vor Augen und seine Proteste in den Ohren. Diese anwesende Beiratsdame sorgte kurz danach bei der Direktion dafür, dass ich nicht mehr in der Gruppe erwünscht war. Es gab kein Sondierungsgespräch, nein, ich wurde über meinem Rausschmiss von einer dritten Person telefonisch informiert.

Ich schrieb einen (zum Teil) Entschuldigungsbrief an die Direktion und habe die Lage von meinem Standpunkt aus dargestellt. Leider erhielt ich keine Antwort. Von der Gruppe habe ich auch nie wieder jemanden gesehen oder gesprochen. Nestbeschmutzerinnen werden halt nicht toleriert!

Kapitel 13

Der Beginn vom Ende begann und die Kernzeit der Cerebral-Krankheit von Peter wurde in der jetzt zweiten stationären Bleibe eingeläutet.

Wir kamen zur Mittagszeit im neuen Haus an. Wir haben auf seinem Zimmer zusammen gegessen. Peter hat dann danach geschlafen und ich bat das Personal, das mir durchaus kompetent und freundlich vorkam, nach Peter zu schauen, wenn ich nicht da war. Ich hatte nämlich mit dem Heimleiter vereinbart, dass ich zwei oder drei Nächte auf einer Liege in seinem Zimmer verbringen würde für den Fall, dass er nachts wach und desorientiert werden sollte. Ich fuhr nach Hause, holte eine Liege und Bettzeug.

Die erste und die darauf folgende Nacht verliefen verhältnismäßig ruhig. Zweimal jeweils kam der Nachtpfleger herein und verrichtete seine Arbeit. Das erste Mal habe ich mich so erschreckt, dass ich von der Liege falsch aufgestanden und hingefallen bin! Es ist nichts passiert. Anders herum erschreckte Peter sich im Schlaf jedes Mal. Das muss man sich so vorstellen: da wird man im Tiefschlaf an der Inkontinenz-Hose angepackt, um festzustellen, ob die trocken oder nass ist. Im letzteren Fall wird sie mit schnellen Handbewegungen ausgetauscht. Der Bewohner wird dann anders gelagert. Der polnische Pfleger damals machte einen guten Eindruck auf mich. Er beherrschte sein Handwerk, soweit ich das beurteilen konnte, sehr gut.

Vielleicht in der ferneren Zukunft wird man durch künstliche

Intelligenz, durch eine sensorische Übertragung feststellen können, ob eine Inkontinenz-Vorlage feucht oder trocken ist. Aber die erforderliche neue Lagerung? Das wird sich noch zeigen.

Der Alltag fing an. Ich machte es mir zur Gewohnheit, am frühen Nachmittag, nachdem ich in der Residenz, wo ich noch wohnte, zu Mittag gegessen und mich kurz ausgeruht hatte, zu dem Pflegeheim zu fahren.

Ich hatte die Pflegeleitung gebeten, Peter nach dem Essen auf sein Bett zu legen. Meine Anweisung wurde meistens beachtet. Wenn nicht, habe ich mich beschwert.

Manche Heimbewohner möchten keinen Mittagsschlaf machen und die warten in den Heimgängen nach dem Mittagessen bis zur Kaffeezeit, die gegen 14:45 Uhr ist.

Ich machte meistens Tee mit dem Tee und den Utensilien, die ich von zu Hause mitgebracht hatte. Ich holte nur etwas frische Milch für den Tee (sofern diese noch vorhanden war) und Kuchen oder eine Scheibe Stutenbrot mit Marmelade, die für die Heimbewohner vorgesehen waren. Essen und Getränke waren immer knapp gerechnet. Ich weckte Peter für seinen Tee und etwas später klingelte ich nach den Pflegern. Diese kamen meistens zu zweit. Es war nicht gestattet, dass ich im Raum bleiben durfte. Eine Pflegerin befahl mir: „Und Sie verlassen den Raum!" So wurde ich angesprochen, ohne Übertreibung. Im Gang wartend hörte ich seine Schreie an. Es war für uns beide der Alptraum. Später, eigentlich zu spät, habe ich mich gewehrt und gesagt: „Nein, ich bleibe und wir machen die Pflege zusammen!" Bei mir war Peter handzahm und ich wendete ein gewisses Maß an Psychologie an (meine ich jedenfalls, weil ich dieses Fach nie studiert habe), um ihm zu beruhigen.

Leider hatte ich mir während unseres Auszugs von der großen Wohnung in das kleine Residenzapartment einen schweren Bandscheibenschaden zugefügt. Ich hatte derzeit nicht die körperliche Kraft, um ihn alleine zu behandeln. Das war unser Dilemma. Ich hätte ihn sonst nie in ein Heim weggegeben. Und so, wie ich empfunden habe, ergeht es vielen Angehörigen in Deutschland, vielleicht in Europa, vielleicht in der ganzen Welt.

In den letzten Wochen in dem Heim habe ich viel lernen können von einem guten Pfleger. Ich nahm auch teil an einem gut geführten Wochenendkursus bezüglich der Behandlung von pflegebedürftigen Menschen, die teils oder gar nicht mobil sind. Der Kurs wurde gestaltet von der Diakonie. Auch von zu Hause aus war ich trainiert in Erster Hilfe und ich bin eine geprüfte Pharmareferentin. Aber - die Pflegezeit im Heim hatte gerade erst begonnen.

Hier zu erwähnen wäre, dass es beim Einzug in ein Pflegeheim eine Standardregelung gibt. Von dem neuen Bewohner (oder Bewohnerin) wird eine Biografie verlangt. Die wird schriftlich gemacht, meistens von dem zuständigen Angehörigen oder dem Vertreter des neuen Bewohners. Es sind sehr viele Fragen zu beantworten. Die gesundheitliche Geschichte, die Vorlieben, die Abneigungen, die Essgewohnheiten und so weiter. Sogar nach der ganzen Familie und Angehörigen wird gefragt. Da wird der Bewohner also richtig transparent gemacht für die Verwaltung und die Pflegeabteilung. Aber im Grunde genommen haben die Pfleger meiner Erfahrung nach bei der großen Anzahl von Bewohnern und Bewohnerinnen gar keine Zeit, um diese Information effektiv umzusetzen. Wahrscheinlich ist der Zweck dieser Übung eher juristisch oder einfach bürokratisch erforderlich. Das ist auch nicht so wichtig (für mich!).

Das Ausfüllen von solchen Fragebögen dauerte bei mir jedenfalls jeweils ca. eineinhalb Stunden.

Kapitel 14

Zurück zum neuen Pflegeheim. Eine gewisse Routine war vorhanden. Peter wurde morgens geweckt, gewaschen, angezogen und zum Speisesaal im Rollstuhl gebracht zum Frühstücken. Danach wurden die Bewohner entweder in den Gang oder in ihre Zimmer gebracht. Der Speisesaal wurde leer geräumt, um ihn vorzubereiten für das Mittagessen. Einige Zeit vor dem Mittagessen wurden die Bewohner wieder in den Speisesaal gebracht. Manche Bewohner und Bewohnerinnen konnten selbstständig essen und trinken. Anderen musste geholfen werden, d.h., das Essen und die Getränke wurden angereicht. Zwischendurch gab es Hygienemaßnahmen, Einlagen wechseln usw.

Jeweils nach dem Frühstück und dem Mittagessen wurden die Tabletten verteilt. Manchmal stimmte die Dosierung nicht oder eine falsche Tablette war eingeteilt oder die Langzeit-Tablette wurde fälschlicherweise gemörsert. Da habe ich aufgepasst. Andersherum merkte ich es, wenn vielleicht eine leichte Reduzierung der Medikamente z.B. gegen den Bluthochdruck kurzfristig sinnvoll gewesen wäre, weil gewisse negative Anzeichen bei dem Patient zu erkennen waren. Aber dies war nicht möglich. Die Pflegekräfte müssen dem von einem Arzt/Ärztin verfassten Medikamentenplan genau folgen, leider manchmal zum Nachteil der Patienten.

In diesem Stadium konnte Peter noch vom Sitzen aufstehen, musste aber geführt werden. Nur nach der Tabletteneinnahme war er benommen. Abends habe ich mitgeholfen, ihn ins Bett zu bringen und danach, gegen 19:10 Uhr, manchmal später, nachdem ich kontrolliert hatte, dass die halbe Bett-Reling hoch war, bin ich mit der schmutzigen Wäsche zu mir nach Hause gefahren. Das Wäschewaschen war im Heimpreis enthalten, aber nicht ganz zufriedenstellend erledigt worden. Was die halbe Bett-Reling angeht, es bestand die Gefahr, dass Peter aus dem Bett fallen konnte. Eine volle Reling muss heutzutage gerichtlich genehmigt werden wegen der geänderten Gesetze bezüglich Freiheitsberaubung oder nicht erlaubter Fesselung. Die meisten anderen Heime, die ich vorher besichtigt habe, hatten keine halben Relings, was mir unverständlich war.

Im von Peter bewohnten Heim kommt man vom Gang aus nur mit einem Magnetschlüssel in das Zimmer hinein. Von innen nach außen geht es ohne Schlüssel. Die meisten Krankenzimmer in anderen Heimen sind nicht abschließbar, was Probleme mit sich bringt.

Regelmäßig, aber leider zu selten und nie an den Wochenenden wurde ein gewisses Maß an Unterhaltung von einer der angestellten Sozialmitarbeiterinnen angeboten. Gedächtnisspiele, Gesang, man las Geschichten vor oder alte Musikstücke wurden vom CD Player abgespielt.

Bei schönem Wetter konnte man draußen sitzen, sogar auf zwei Parallelwegen spazieren gehen. Leider war oberhalb der Wege ein Bolzplatz, der gut besucht war und der vom Bürgermeister des Ortsteils persönlich befürwortet worden war, obwohl die damit verbundenen stundenlangen lauten Schlaggeräusche gut zu hören waren. Auf meine Anfrage, warum eine solche Lärmbelästigung ertragen werden müsste, kam die Antwort, dass der Bolzplatz zuerst da gewesen sei. Haben die Behörden so wenig Respekt vor Demenzkranken?

Wie schon gesagt, an den Wochenenden lief gar nichts an Abwechslung für die Bewohner, außer vielleicht das jährliche Sommerfest. Die Angehörigen der Bewohner, die da waren, halfen zwischendurch bei allen Bewohnern, also den Bewohnern, die alleine waren und wenn der Montag kam und die Angehörigen statt der Sozialarbeiterin von den Bewohnern angesprochen wurden, war eine leichte Unstimmigkeit schon vorprogrammiert! Da bekamen die angesprochenen Angehörigen die Aussage: „Nein, das ist nicht Ihre Aufgabe!".

Das Wegfahren am Abend war für mich mental am schwierigsten. Wenn man sich vor Ort in dem Heim in einer Gruppe beschäftigt, ist man trotz der Umstände abgelenkt. Aber jedes Mal, wenn ich mich ins Auto setzte, den Motor einschaltete, sackten mir alle Kräfte weg.

Mir kamen während der fünfzehn Kilometer Fahrt- zuerst über eine Landstraße und dann über die Autobahn - warme Tränen der Hoffnungslosigkeit. Ich fühlte mich so allein. Eingeschlossen in einem Käfig. Man weiß, dass die Zukunft nur schlechter werden kann. Man tut alles, um die Situation besser zu machen, aber die negativen Gedanken gewinnen immer, denn die Krankheit, die Feindin, ist stärker. Die ist unbesiegbar.

Ich habe vor Tränen öfters die Straße nicht richtig sehen können und autodidaktisch, wie ich öfters denke und agiere, habe ich mich selber ermahnt, aufzupassen und keinen Autounfall zu verursachen. Meine Tränen kamen mir wie eine Regenwand vor. Nicht nur einmal passierte dieser unkontrollierbare Gefühlsausbruch, sondern fast jeden Abend, immer beim Wegfahren, fast neun Monate lang. Und ich dachte: „Die Hölle braucht nicht auf uns zu warten, wir sind schon drin!"

Kapitel 15

Zurück zum pragmatischen Teil. Wir waren noch am Anfang des Daseins im Pflegeheim Nummer zwei und nach ca. 5 Wochen bekam ich ein Angebot von dem Heim im Norden von Essen. Ein Einzelzimmer sei frei geworden. Das Resümee von dem Haus und die geringere Entfernung zu meinem Wohnort vom damaligen Heim verleiteten mich dazu, eine leider falsche Entscheidung zu treffen. Die Kurzzeitpflege stand kurz davor auszulaufen. Der nächste Schritt wäre eine weitere Zusage an den damaligen Heimleiter gewesen. Der Chef des Hauses zeigte Verständnis für meine Entscheidung zugunsten des anderen Heims und wir sind im Guten auseinander gegangen.

Ich gab dem anderen Heim eine Zusage und arrangierte einen Krankentransport. Die Kosten haben wir getragen. Wir trafen ein zur Mittagszeit.

In einem offenen Raum gegenüber vom Speisesaal war eine verstörte junge Frau, eine Heimmitarbeiterin war anwesend. Die Bewohnerin weinte und schrie ununterbrochen, während wir beim Essen waren. Ich fragte eine andere Mitarbeiterin, warum man ihr nicht etwas zur Beruhigung geben könnte? Ich bekam die Antwort, dass ich mich nicht einmischen sollte und man wüsste, was man tut. Ich dachte nur an Peter und die anderen Bewohner/Bewohnerinnen, die diese belastende Situation ertragen mussten.

Später zur Schlafenszeit stellte ich fest, dass es keinen Sonnenschutz gab für das Bewohnerzimmer. Die Sonne im Westen schien stark in dem Raum hinein. Wie sollte Peter hier ruhig schlafen können? Am nächsten Tag käme am frühen Morgen auch Licht hinein. Ich hatte ein ungutes Gefühl.

Ich habe mich von Peter verabschiedet, ging auf den Gang und sah einen hilflosen Bewohner dort auf dem Boden liegen. Seine Brille meterweit entfernt. Andere Bewohner standen um ihn herum.
Ich fragte: „Was ist passiert?" Haben Sie Schmerzen?" und bückte mich zu ihm. Er sprach nicht, zeigte nur Verwirrung und kein Anzeichen von Schmerzen. Ja, er wäre in das Zimmer von der Frau X gegangen. Sie war dabei, sich auszuziehen und hatte ihn rausgeschmissen! Soviel zu Räumen ohne eine Schließmöglichkeit.

Ich sorgte dafür, dass der Mann bequem lag, gab ihn seine Brille und drückte den Alarmknopf im Speisesaal. Langsam kam eine und - etwas verzögert - eine zweite Pflegerin.

Dann fuhr ich nach Hause, sehr beunruhigt.

Früh am nächsten Morgen kam ich auf den Flur und Peter hielt sich an der Wand-Reling fest. Er war verwirrt. Da kam eine Mitarbeiterin hinzu und beschwerte sich: „Ja, er läuft herum. Er ist schon hingefallen." Sein Zimmer war hell beleuchtet und er ist wahrscheinlich deswegen, wie ich es vorausgeahnt hatte, wach und verstört gewesen. „Oh Gott!!! Hier kann er nicht bleiben. Was hat man mir da vorgemacht? Dies hier ist das Allerletzte!!!"

Wieder musste ich eine Entscheidung treffen, langsam verzweifelte ich. „Nein, eins nach dem anderen"!

Ich begleitete Peter durch das Frühstück und rief bei dem letzten Heim, das wir verlassen hatten, an. „Nein, der Chef wäre nicht da". Später erreichte ich ihn. Das Bewohnerzimmer, was Peter vorher hatte, war schon wieder vergeben, aber ein Zimmer im älteren Trakt wäre zu haben. Ich sprach mit der Verwaltung in dem derzeitigen Pflegeheim. Die Gespräche mit mehreren Gesprächspartnerinnen waren schwierig, aber ich ließ mich nicht beirren. Es kam noch ein unangenehmes, aber erträgliches Gespräch mit der Krankenkasse dazu. Ich sagte beim vorherigen Heim zu!

Kapitel 16

Peter kam in das schon bekannte Heim zurück, in ein anderes Zimmer im alten Teil. Es war nicht schlecht, nur gab es keine elektrischen Fensterrolladen und das Bad war etwas altmodisch. Nebensächlich. Eine junge Pflegerin, die öfters da war, mochte er. Sie ging liebevoll mit ihm um. Der häufige Wechsel der Bezugspersonen ist schon stressig für die Pflegebedürftigen. Der Umgang der Pflegenden kann sehr unterschiedlich sein. Dies kennt man vom Krankenhaus. Da kennen bestimmt viele die Situation, dass beispielsweise eine Nacht-Krankenschwester nicht in der Lage ist, eine Heparin- Spritze schmerzfrei zu geben.

Im neuen alten Trakt wurde in einem anderen Speiseraum gegessen. Hier war nur ein Minimum an Hilfe beim Essen und Trinken nötig und es gab einen runden Tisch, an dem eine strenge Hierarchie herrschte. Hier saßen meistens nur Frauen. Jede hatte ihren festen Platz. Eine der Frauen war quasi die Chefin. Mich fragte sie unfreundlich: „Was wollen Sie eigentlich hier?" Ich gab ihr eine neutrale Antwort, aber auch zu verstehen, dass ich mich ihr nicht unterordnen würde! Diese Frau war ein Fußballfan und der Speiseraum-Fernseher war meistens auf einen Fußballkanal eingestellt. Es gab sehr wenige Programme anzuschauen auf dem Fernsehen.

Peter und ich bekamen einen kleinen Nebentisch zugewiesen. Er im Rollstuhl, ich sitzend daneben. Am Tisch war auch eine sehr alte Dame, die sich riesig freute, wenn sie gelegentlich Besuch von einem jüngeren Mann (vielleicht ihr Sohn) bekam. Der Mann rollte sie in ihrem Rollstuhl herum und währenddessen hat sie freudig (aber leider schrecklich!) gesungen. Es war aber schön, sie glücklich zu sehen. Sie war einsam und gehörte zu denen, die von morgens bis abends in ihrem Rollstuhl gesessen haben. Sie starb, während Peter noch in dem Heim war.

Zu Hause hatte Peter immer einen Salat mit meiner Version von einem Öl- und Essigdressing geliebt. Es musste jahrelang nur dieses eine Dressing geben und kein anderes! Machte ich ein anderes Dressing zur Abwechslung, nein! „Warum machst Du nicht das Öl- und Essigdressing?". Während seines Heimaufenthalts habe ich täglich einen Salat mit seinem Lieblingsdressing zu ihm mitgenommen. Das Essen war nicht besonders und die Vorab-Speisekarte vielversprechender als die spätere Wirklichkeit, z.B. wenn es auf der Karte hieß „Kaiserschmarren" - und was kam, war Rosinenbrot mit Vanillesoße. Und es gab immer die gleiche Suppe, eine dünne Gemüsesuppe, eine Consommé. Als Peter erkältet war und nichts essen wollte, habe ich selber für ihn zu Hause gekocht und das Essen mitgenommen.

Es gab ein Sommerfest und die Tische wurden an der langen Terrasse und an den Flanierwegen gedeckt. Die Angehörigen wurden eingeladen. Es gab Grillfleisch, Salate und was sonst dazu gehörte. Die Sonne schien, das Personal hat sich Mühe gegeben. Es war schön, wenn da nicht der Bolzplatz gewesen wäre.

Kapitel 17

In Heim wechselten sich ruhige mit stressigen Zeiten ab. Dies war hauptsächlich beeinflusst durch das Personal: die Pfleger /Pflegerinnen, die Sozialarbeiterinnen, die Wirtschaftsdamen und –herren. Kontakt beim Kommen und Gehen hatte man auch mit den netten Damen in der Wäscherei. Letztere freuten sich immer auf einen Plausch.

Die anderen Bewohner waren entweder Langzeit- oder Kurzzeitpflege-Bewohner. Sie lebten mehr oder weniger in einer Wartestellung: Warten auf die Pflege, Warten auf das Essen, darauf warten, ins Bett begleitet zu werden. Zwischendurch die Abwechslung durch die Sozialarbeiterinnen, aber nur an Wochentagen und niemals am Wochenende.

Im Speisesaal war es öfters unruhig. Die Plätze wurden regelmäßig getauscht. Zuletzt hatten wir, Peter in seinem Rollstuhl und ich neben ihm sitzend, um ihn das Essen anzureichen, eine unbequeme Ecke. Der Speisesaal war auch ziemlich voll. Nervig waren auch die Besucher (häusliche Familienmitglieder), die draußen im Gang standen und durch die halben Glaswände durchgeschaut haben. Bei einer besonders traurigen Bewohnerin, die viel Heimweh hatte, waren am Abend sieben Besucher zugegen! Zwei der Besucher standen hinter dem Glas und starrten uns an. Ich machte zu diesem Fehlverhalten später beim Personal eine Bemerkung. Danach sollten maximal zwei Besucher pro Bewohner dort sein dürfen. Ich bewirkte auch, dass die laute Musik abgestellt wurde und tatsächlich waren die Bewohner viel ruhiger beim Essen.

Um ein ruhiges Ambiente zu haben, habe ich später Peter sein Essen und natürlich den Salat mit dem Lieblingsdressing in seinem Zimmer gegeben.

Unter den Demenzkranken in allen Heimen, die ich besucht habe, waren ganz normale Menschen dabei, die normal gesund gelebt haben, bevor sie von der schrecklichen Krankheit befallen wurden. Es sind Akademiker, Handwerker oder Arbeiter dabei. Die Ratschläge, die regelmäßig zu lesen sind, wie man gesund leben sollte, Sport treiben usw., um die Krankheit zu vermeiden, finde ich persönlich sehr fraglich. Letzteres kann natürlich nicht schaden.

Viele Angehörige stellen automatisch ihr Leben total um, wenn der/die kranke Angehörige nur stationär in einem Heim leben kann oder muss. Es ist eine andere Welt. Die Gegebenheiten werden untereinander öfters erläutert und letztendlich tot geschwiegen. Viele resignieren und meinen, man könne doch nichts ändern.

Die angedeuteten Zustände sind bestimmt viel besser in Deutschland als anderswo, aber Pflegeheime sind Wirtschaftsfaktoren, profitorientiert, geführt von Privatpersonen. Hauptsache, der Wust an Papierarbeit, den das Personal zu bewältigen hat, stimmt überein mit den Forderungen der Gesetzgeber und der zuständigen Gremien. Dabei bleibt der eigentlich wichtigste Faktor - der Heimbewohner - immer oder zumindest meistens teilweise auf der Strecke.

Für die mit-pflegenden Angehörigen im Heim gibt es keinerlei Versicherungen oder Vergütungen. Nein, nicht Mal ein Glas Mineralwasser wird einem Angehörigen zugestanden. Man erklärte mir bei meiner Anfrage deutlich, dass das verfügbare Wasser NUR für die Bewohner vorgesehen ist. Basta!

Auf der Pflegeheim-Rechnung werden monatlich eine Altenpflegeausbildungsvergütung (warum?) und Investitionskosten für das Einzelzimmer in Rechnung gestellt. Letztere betrug genau 841,72 Euro! Monatlich! Die Kosten haben wir selber getragen, da wir über die Jahre immer brav gespart haben. Wir besitzen kein Eigentum. Die meisten Heimbewohner bekommen die Kosten von ca. 2.710 Euro monatlich vom Sozialamt bezahlt.

Kapitel 18

In der Zeit nach dem erneuten Einzug ins besagte Heim im alten Trakt wurde das Zimmer, wo Peter zuerst gewesen ist, wieder frei. Dies bejahte ich, obwohl das Zimmer einen entscheidenden Nachteil hatte. Es war direkt gegenüber vom Aufenthaltsraum der Pfleger, wo die Schichtübergaben und sonstigen Arbeitsvorgänge oder Besprechungen stattfanden. Diese Tätigkeiten waren hörbar, störten öfters die Mittagsruhe. Dies war natürlich keine böse Absicht der Pfleger und wenn ich darum bat, ob die Tür zum Arbeitsraum zu sein könnte, kam man meiner Bitte nach. Trotzdem gab es regelmäßig Lärmstörungen.

Peter konnte zu dieser Zeit noch begrenzt laufen. Eines Morgens bekam ich einen Anruf mit der Mitteilung, er wäre hingefallen und man habe ihn mit dem Krankennotdienst ins Krankenhaus bringen lassen. Ich fuhr erschrocken zu dem Krankenhaus hin. Er hatte Gott sei Dank nur eine Prellung an der Stirn erlitten. Er lag auf der Transportliege und beschäftigte sich ruhig mit seinem roten Gummiring - ein kleines Sportgerät, das Physiotherapeuten ihm in einem Krankenhaus geschenkt hatten. Die Pfleger oder ich haben ihm sehr oft den Ring gegeben, um ihn zu beruhigen oder abzulenken. Ein netter Unfallarzt gab Entwarnung. Peter hatte nur die Prellung an der Stirn.

Im September 2017 erkältete Peter sich. Dies geschieht schnell, wenn Menschen so eng zusammen wohnen und eine Person schon erkältet ist. Die Pfleger gehen von Zimmer zu Zimmer und es werden bestimmt Millionen von Keimen verteilt.

Eine Ärztin, die ich unterwegs im Heim zufällig traf, sagte mir, sie hätte Peter untersucht. Ich wunderte mich, dass ich nichts davon wusste, sagte aber nichts. Sie sagte, sie würde nochmals nach ihm schauen. Ich bemerkte, dass die Ärztin keine Arzttasche bei sich hatte und auch keine Tasche an der Kleidung. Ich fragte sie, ob sie sich die Hände waschen wollte und natürlich wäre da ein sauberes Handtuch für sie bereit. Ich bekam keine Antwort. Sie verschrieb ein leichtes Antibiotikum. Viele im Heim hatten dieselben Symptome.

Ich besuchte die besagte Ärztin in ihrer Praxis, um noch ein Rezept abzuholen und wunderte mich über einen unansehnlichen Teppich im Wartezimmer. Ich nahm mir vor, einen anderen Hausarzt oder Ärztin für Peter zu suchen. Dies entpuppte sich als eine unlösliche Aufgabe mitten im modernen, mondänen Deutschland.

Kurz danach entdeckte ich zufällig, dass Peter eine Dekubitus-Stelle an einer Hüfte hatte. Diese zeigte ich der Pflegeleiterin. Sie meinte, das Ekzem würde ,von innen' kommen. Ich schaffte es, einen Dermatologen zu Peter zu bekommen. Diagnose: Dekubitus. Eine passende Creme wurde verschrieben.

Etwas, was mich irritierte, war, wenn tagsüber die Sonne schien, dann machte das Personal die Heizung aus und die Fenster auf. Am Abend wurden öfters die Heizungen nicht wieder an gemacht und es war kalt in den Zimmern. Ich sah ältere Bewohner oder Bewohnerinnen, im Bett sitzend, in kurzärmligen Nachthemden bei offenen Fenstern und die Türen zum Gang waren offen. Es war nicht immer eine Pflegerin in der Nähe, um diesen Missstand zu beheben und ich habe reagiert, obwohl ich es nicht durfte. Die Bewohner taten mir so leid.

Im November 2017 musste ich leider selber vier Tage lang für einen kleinen chirurgischen Eingriff ins Krankenhaus. Der ehemalige Betreuer von Peter, ein wunderbarer Mensch mit viel

Herz, besuchte ihn jeden Tag und kontrollierte, dass es ihm soweit gut ging.

Am 10. Dezember 2017 gab es Eis und Schnee und ich konnte nicht zu Peter fahren. Es wäre zu gefährlich gewesen. Dies beunruhigte mich sehr. Ich schaffte es aber am darauffolgenden Tag. Die Stimmung im Heim war gedrückt. Es war zu kalt und nass, um nach draußen zu gehen und wir spazierten (Peter im Rollstuhl) durch das ganzer Haus.

Er wurde immer apathischer. Er schaute mich oft intensiv an. Einer sehr netten, lebenslustigen Pflegerin fiel dies auf und sie sagte: „Was er wohl denkt?" Telepathie spielte eine große Rolle. Ich wusste, wenn nicht instinktiv, dann durch seine Körpersprache, was er wollte. Aber meistens, was er nicht wollte. Während der vielen gemeinsamen Stunden auf seinem Zimmer machte ich ihm eine Maniküre oder eine Pediküre. Dies gefiel ihm. Für einen Haarschnitt brachte eine der Sozialarbeiterinnen ihn zu dem Frisörsalon im Haus, während ich nicht da war. Der letzte Haarschnitt, den er im Heim bekam, sah katastrophal aus. Ich konnte nur erahnen, dass er sich dagegen gewehrt hatte. Man hat mir davon nichts berichtet.

Abends habe ich nach seinem Essen immer seine Zähne geputzt. Die Fähigkeit ‚auszuspucken' wurde immer schwieriger, aber er gab sich viel Mühe und wir freuten uns beide, wenn es klappte. Die Tabletten, die er bekam, machten ihm müde und ich ließ ihn dann, teilweise für die Nacht vorbereitet, für die Pfleger, die kamen, um ihn vom Rollstuhl ins Bett zu transportieren. Er war in der Lage zu stehen und einige Zeit lang hatte ich letzteres zusammen mit eine Pflegerin mühelos gemacht, bis von der Pflegeleitung die Anordnung kam, die Bewohner nur mit einem Lift umständlich hin und her zu bewegen. Dies war schade, denn da nahm man ihn fast die letzte Möglichkeit, seine Beine ein bisschen zu bewegen. Es hieß „Die Gesundheit der Pfleger geht vor.“

Die andere Möglichkeit war der Einsatz von einem (der einzige meistens) Pfleger, der kräftig war. Dieser tolle Mann aus Russland nahm es auf sich, während seiner Schicht die Bewohner zum Gehen zu bringen, obwohl er selber Knieprobleme hatte. Er und ich haben Peter geschultert und sind den Gang kurz auf und ab gelaufen. Peter versuchte stark sein Bestes und freute sich dabei. Einen Physiotherapeuten sah man selten im Haus.

Wo ich wohnte, machte man sich Sorgen um mich. Ohne dass ich darüber gesprochen habe, wussten alle, dass ich jeden Tag für Stunden weg war und erst abends wieder kam, wenn es stockdunkel war. Die ständigen Fragen nach meinem Mann und nach meinem Tun brachten mir nichts. Ich konnte nicht jeden Tag mehrfach die Situation erklären. Ich nahm einen Schleichweg zu und von meinem Appartement. Auf meine Bitte hin wurde das Hauspersonal gebeten, mich in Bezug auf meinen Mann nichts mehr zu fragen. Ich war mental ‚tunnelisiert‘.

Weihnachten kam - unser erstes Weihnachten nicht zu Hause. Das Heim gab sich viel Mühe, ein schönes Fest für alle zu gestalten. Es war eine merkwürdige Atmosphäre. Fast alle Angehörigen waren dabei.
Die Tage danach liefen wie gewöhnlich ab und am 31. Dezember hoffte ich nur, dass die Silvesterkracher die Bewohner und Bewohnerinnen nicht stören würden.

Ein größtenteils widerliches Jahr ging zu Ende. Im Heim hatten alle, Angehörige und Personal sich gegenseitig die üblichen guten Wünsche zum Neuen Jahr gesagt. Schließlich fuhr ich, wie immer, routinemäßig nach Hause und versuchte, alle negativen Gedanken auszublenden. Die Regenwand war aber hartnäckig.

Kapitel 19

Es kam 2018. Leider verließen zwei der guten Pflegerinnen aus privaten Gründen das Heim. Es kamen zwei Azubis, die, obwohl nicht vorgesehen, öfters alleine arbeiteten. Aus der Not. Die waren aber nicht so gut. Mit einer jungen Frau kam ich gut zurecht. Die andere war öfters respektlos.

Kleine Reibereien hatte ich manchmal mit den langjährigen Pflegerinnen. Einmal checkte ich, dass Peter eine viel zu enge Netzhose anhatte. Sie schnitt ihm in seine empfindlich gewordene Haut hinein. Ich suchte selber eine passende Netzhose und bat die verantwortliche Pflegerin um ein Gespräch. Einsicht? Nein! „Er braucht Größe M!" „Bei 1,90 m Körpergröße?" Ich wurde laut. Mir platzte der Kragen. „Er braucht ein XL!" Ich habe regelmäßig neue Packungen von diesen Hosen gekauft und bereitgestellt, sie in seinen Kleiderschrank gelegt, obwohl die vom Heim gestellt werden mussten. Immer wieder sind sie aus dem Kleiderschrank verschwunden. Überhaupt fehlte es regelmäßig an sauberer Wäsche, die das Heim vertragsgemäß zu stellen hatte. Ich habe manchmal auf einer benachbarten Etage um Handtücher oder Waschlappen gebettelt. Es waren zum Ende der Woche nie ausreichend da.

Andere Angehörige nahmen solche Ereignisse hin, meckerten untereinander. „Man kann doch nichts ändern!"

Einmal merkte ich, dass Peter immer wieder eine Mundbewegung machte. Ich fragte: „Was hast Du in Deinem Mund?" Er konnte nicht antworten. Ich schaute in seinem Mund. Tastete alles ab. Er hatte ein kleines, scharfes Stück Keramik im Mund. Dieses kam wahrscheinlich in dem Mittagsessen mit und hätte ihm einen Magen- oder Darmriss verursachen können!

An einem Tag kam ich früher als erwartet ins Heim und Peter wartete in seinem Rollstuhl im Speisesaal auf eine Pflegerin. Die anwesende Pflegerin war bei einem anderen Bewohner mit der Essensanreichung beschäftigt. Das Nudelgericht, worauf Peter wartete, war nicht zugedeckt und kalt! Wie bei den anderen Bewohnern stand kein Salat oder Nachtisch für ihn bereit. Ich beschwerte mich und bekam gesagt: „Ja, warum kommen Sie nicht früher?" meinend, dass ich zur Mittagszeit immer da sein sollte. Ich antwortete: „Ich bin schon mindestens 5 Stunden jeden Tag hier!" It was a losing game! Würde man mich als anspruchsvoll und pedantisch bezeichnen, okay, stimmt! Aber dies trifft hier nicht zu.

Einmal sagte mir die Pflegeleiterin, die meiner Meinung nach viel mehr hätte kontrollieren müssen: „Machen Sie so weiter! Und Sie werden hier neben Ihrem Mann landen!"

An einem Sonntag am frühen Nachmittag kam ich in Peters Krankenzimmer und er saß kerzengerade gestellt in seinem Bett. Die Reling war unten und das Krankenbett ganz hoch. Ich sah, wie gefährlich dies war und änderte sofort die Situation. Er hätte nämlich runter fallen können, womöglich auf seinem Kopf. Ich schaute ins Zimmer nebenan und ein Teilzeitpfleger, den ich noch nicht kannte, war mit der Bewohnerin dort beschäftigt. Ich erklärte ihm, was ich gerade vorgefunden hatte und er meinte, oh, er hätte vergessen, die Reling hoch zu tun und das Bett niedriger zu stellen. Und weswegen Peter so kerzengerade saß? Die Antwort: „Wegen der Verdauung!"

Eine schlimme Sache, die anfangs wieder nicht kontrolliert wurde, war, ob Peter abgeführt hatte oder nicht. Dies musste eigentlich dokumentiert werden. Vermutlich verursachten die Tabletten, die er einzunehmen hatte, die Darmträgheit. Ich war entsetzt, als ich feststellte, dass dieser Missstand seit acht Tagen herrschte. Mit Hilfe von zwei Zäpfchen und Peter unter Schmerzen half ich, diesen Zustand zu beseitigen. Ich hatte Angst, dass er einen Darmriss erleiden könnte.

Ich beschwerte mich ordentlich wegen dieser Sache bei der Verwaltung und wir einigten uns darauf, dass Peter jeden Tag ein Päckchen Macrogol, ein leichtes, verträgliches Mittel gegen Darmträgheit bekommen sollte. Flohsamen hatten früher nicht den erwünschten Erfolg gebracht. Aber für mich herrschte nach diesem pflegerischen Mangel eine mentale Eiszeit bei der Pflegeleitung. Ich vermied jeglichen Kontakt. Keiner hat sich entschuldigt.

In Peters Zimmer war öfter ein Klopfen zu hören und ich ging auf die Suche nach der Ursache. Die fand ich in dem Zimmer über Peters Zimmer. Ein ziemlich älterer Mann, eigentlich ganz lieb ausschauend, trommelte an seinem Tisch. Ich bat den zuständigen Pfleger, ob er da etwas machen könnte. Leider brüllte er den alten Mann so unnötig laut an, mit dem Trommeln aufzuhören, dass ich mich schämte. Hätte ich bloß nichts gesagt. Nicht lange danach ist der alte Mann verstorben.

Ich bekam in dieser Zeit wieder ein Angebot für einen Heimplatz für Peter. Ein Heim, wo unsere Hausärztin oder ihr Mann, auch ein sehr guter Arzt, ihn hätten besuchen und behandeln können, falls dies notwendig gewesen wäre, weil das Heim in der Nähe von der Arztpraxis war. Ich schaute mir unbemerkt an einem Wochenende das Heim an und stellte fest, wie die Bewohner alleine im Speisesaal saßen und darauf warteten, ihr Essen angereicht zu bekommen. Einer der Bewohner lächelte mich fragend mit den Augen an. Er schaute zu dem vollen Teller vor sich auf dem Tisch. Ich habe ihm sein Essen angereicht. Direkt danach bin ich zu Peter gefahren. Nein, das lange ersehnte Angebot schlug ich in der darauffolgenden Woche aus.

Ein anderes Heim, angeschaut wegen der günstigeren topografischen Lage, schlug ich auch aus. Dort im Speisesaal stand ein Ghettoblaster. Es wurde Technomusik gespielt. Ich sagte der Pflegeleiterin, die mich begleitete, dass die Bewohner, die auf ihr Essen warteten, bestimmt diese Art von Musik nicht mochten. Sie antwortete: „Sie (die Bewohner) merken die gar nicht!" Da dachte ich nur: „Verdammt noch mal! Wo bleibt die Menschenwürde, wenn man hilflos im Kopf ist!"

Gelegentlich besuchten Freunde oder ehemalige Arbeitskollegen Peter. Ich war immer dabei. Einige 'Freunde' ließen nichts von sich hören, geschweige sehen, was ich sehr traurig fand. Andere Angehörige erlebten dasselbe. Peter freute sich über jeden Besucher, auch wenn er nicht mehr sprechen konnte.

Zurück im Heim traf ich, wie fast jeden Tag, eine andere Angehörige und wir tauschten uns verbal wieder aus. Die Dame war etwas älter als ich und nicht sehr gesund. An dem Tag war sie außer sich. Sie war gekommen, wie üblich, und fand ihren Mann - er war mittelschwer demenzkrank, aber ein liebevoller Kerl - im kalten Zimmer mit dem Fenster auf und der Mann hatte keine Jacke an. Sie ist in Tränen ausgebrochen. Ich versuchte sie zu beruhigen. Ein paar Wochen danach ist ihr Mann an seinem Hustenleiden verstorben. Ich habe sie nicht wieder angetroffen. Sie schickte ihren Sohn, um das Zimmer leer zu räumen. Ich konnte mir vorstellen, wie es ihr ergangen ist. Sie hatte ihren Mann sehr geliebt.

Kapitel 20

Im Januar 2018 bekam Peter eine Augeninfektion. Aus meiner eigenen Erfahrung ahnte ich, dass er dagegen ein Antibiotikum benötigte. Peter war schwächlich. Ein Besuch ins Krankenhaus – Rollstuhl, Krankenwagen, herumhängen und dann die Fachrichtung Ophthalmologie - schwierig. Es gibt keinen Augenarzt in normalen Krankenhäusern.

Ich besuchte die Praxis von unserem Augenarzt. Kam nicht am Empfang vorbei. „Nein, der Arzt verschreibt nichts, ohne den Patienten gesehen zu haben". Betteln hilft auch nicht. Was tun? Die Lage schien hoffnungslos. Aber woanders bekam ich - wo, das verrate ich nicht - ein Rezept für ein ophthalmologisches Breitband-Antibiotikum, das auch geholfen hat. Es gibt eben auch Ärzte, welche die Not der bettlägerigen Patienten anerkennen und bereit sind, ein (kleines) Risiko einzugehen.

Die Ärztin ohne Arzttasche und Desinfektionsmittel, die Peter besucht hatte und mich praktisch ignoriert hatte, wollte ich nicht mehr sehen. Ich verbrachte Stunden damit, zuerst Arztpraxen zu besuchen, die in der Nähe des Pflegeheims waren. Später Arztpraxen in einem weiteren Umkreis, um eine Hausärztin oder einen Hausarzt für Peter zu bekommen. Die Krankenkasse habe ich auch involviert, leider ohne Erfolg. Es hieß, eine Ärztin hätte aufgehört und ihre Patientenkartei im Ort auf die anderen Ärzte aufgeteilt. Es herrschte ein Patientenstopp. An dieses Szenario hatte ich vorher überhaupt nicht gedacht.

Im Februar 2018 entdeckte ich (und nicht die Pfleger) an Peter erneut einen Dekubitus an der rechten Hüfte. Ich ließ die notwendige Creme wieder vom Dermatologen verschreiben.

Eine nette Teilzeitkraft kam dann abends, um mir zu helfen, Peter ins Bett zu bringen. An dem einen Abend war sie stark erkältet und ich dachte: „Warum können die Pfleger keinen Mundschutz tragen?" und fürchtete das Schlimmste, was auch eintraf.

Peter bekam wieder einen hartnäckigen Husten. Viele Bewohner im Heim hatten die gleichen Symptome. Ich besorgte nach einer Woche wieder das milde Antibiotikum und er blieb zwei Tage im Bett. Ich war jetzt morgens schon um 10:00 Uhr bei ihm.

Ich entschloss mich, nachdem mein Orthopäde mir gesagt hatte, dass ich meinen Rücken trotz des dreifachen Bandscheibenschadens wieder normal belasten könnte, Peter wieder zu mir zu nehmen. Ich wollte ihn mit der Hilfe von Pflegekräften zu Hause betreuen. Ich arrangierte/bestellte in dieser Zeit ein Pflegebett und einen Speziallifter. Letzteren wollte die Krankenkasse zuerst nicht genehmigen und stattdessen ein billiges Modell anliefern. Ich bekam das geeignete Modell.

Ich erklärte Peter, was ich vorhatte und bat ihn, keinen Widerstand zu leisten bei der Pflege oder Verlagerung. Sonst würde ich es nicht schaffen. Er hat mich verstanden. Es gab nur den Augenkontakt.

Noch in dieser Winterzeit herrschte eine Grippewelle. An einem Samstag ging es Peter schlechter. Da ich keinen Hausarzt für ihn hatte, rief ich die 116 117 an und ich hörte - einen Anrufbeantworter! - Ich erreichte keinen. Am Abend rief ich 112 an und der Mann, der antwortete, sagte: „Die Pfleger sollen sich um ihn kümmern!“ Ich: „Das sind keine Ärzte!“ Ja, er würde sich darum kümmern. Irgendwie glaubte ich ihm nicht und es war so. Vielleicht hätte ich nicht sagen dürfen, dass es sich um einen Demenzkranken handelt. Es kam keiner. Ich machte mir große Sorgen. Ging um 20:00 Uhr nach Hause und war um 08:00 Uhr am nächsten Tag wieder da. Peter lebte noch.

Kapitel 21

Ich wollte ihn nur zu mir nach Hause bringen lassen. Er war geschwächt und ich war das Pflegeheim leid. Das Vertrauen des Personals zu den Angehörigen war vermindert. Es muss Gespräche gegeben haben. Wir durften nicht mehr selber das Wasser aus dem Vorratsraum holen. Nicht in die Wäschekammer gehen, auch nur, um sich hinzusetzen. Es gab keine Sitzmöglichkeiten in dem Gang, angeblich wegen Feuerschutzmaßnahmen.

Zu Hause bei mir hatte ich unser Doppelbett von einem guten Tischler und seinem Assistenten halbieren lassen, um Platz bei mir im Schlafzimmer für ein Krankenbett zu schaffen. Der Lifter war schon da und ich machte Druck bei der Sanitätsfirma wegen der Anlieferung des Krankenbettes. Der Firmeninhaber war verständnisvoll und kooperierte. Ich informierte die Verwaltung, wo ich wohne, über mein Vorhaben. Ich wollte im Allgemeinen die Pflege von Peter selber machen. Ich fühlte mich in der Lage dazu. In zwei Fahrten transportierte ich Peters Hab und Gut von seinem Krankenzimmer zu mir. Ich organisierte einen Krankentransport für ihn und am Samstag, den 17. März 2018, fuhr der Krankentransporter mit ihm und ich in meinem Wagen voraus, zu mir nach Hause. Arrangiert hatte ich auch Hilfe von den Pflegern im Haus. Die halfen bei der Mobilisation vom Rollstuhl zum Bett.

An dem Montag, 19. März 2018, erreichte ich, dass eine Ärztin von der bekannten Arztpraxis in Essen-Rüttenscheid Peter besuchte. Es gab nichts zu ändern an der bestehenden Situation. Ich hatte die Option, die Ärztin wieder bei Bedarf in Anspruch nehmen zu können.

Pech hatte ich mit dem Krankenbett. Der Stecker zur Stromversorgung an der Wand brach ab. Ich konnte das Bett nicht erhöhen (sehr wichtig für die Pflege) und nicht niedrig machen. An dem Montag informierte ich die Pflegeleitung im Hause, wo wir jetzt wieder zusammen wohnten und bat um Hilfe. Diese wurde mir verweigert (!) wegen der Gesundheitsgefahr für die Mitarbeiter. Ich hatte gedacht, dass zwei kräftige Pfleger wohl damit keine Probleme gehabt hätten. Peter war nur noch ein Leichtgewicht. Bis die Sanitätsfirma (der Chef kam persönlich) am nächsten Tag das Problem beheben konnte, kam ich alleine zurecht.

Einmal haben eine Pflegerin und ich ihn in seinem Rollstuhl für eine halbe Stunde mobilisiert.

Peter wurde schwächer, aber er hat getrunken und gegessen. Mir wurde eine gute Palliativstation empfohlen, aber auch als Privatpatient war kein Bett zu bekommen. Die bekannte Ärztin hat es persönlich versucht. Sie meinte dann und ich stimmte ihr zu, dass Peter es besser bei mir hätte als umgeben von der unruhigen Atmosphäre eines Krankenhauses.

An dem darauffolgenden Freitag hat er mehr gehustet und an dem Samstag habe ich einen Notarzt kommen lassen. Ein netter indischer Arzt. Er gab Peter eine Spritze, was, das weiß ich nicht mehr. Es ging Peter danach jedenfalls etwas besser.

An dem folgenden Mittwoch kam die Ärztin wieder und arrangierte einen Palliativdienst. Sie sagte mir nicht viel, aber ich ahnte nichts Gutes.

Eine Palliativschwester kam am selben Tag und legte Peter an einen Tropf mit Morphium und Novalgin, einem Schmerzmittel. An den zwei darauf folgenden Tagen kamen abwechselnd zwei

Schwestern und kontrollierten oder ergänzten die Tropfzufuhr.
Die Medikamentenzugabe wurde gestoppt.

Den Speichelzufluss habe ich entfernt. Er biss mich einmal
reflexartig in den Finger. Ich flüsterte: „Nicht beißen, ich möchte Dir helfen." Er schaute mich passiv an und biss nicht mehr. Er
verstand mich.

Kapitel 22

Die Nächte schlief ich natürlich schlecht. Ich fühlte immer nach, ob Peter noch lebte. Ich saß stundenlang neben ihn, lagerte ihn vorsichtig. Dabei zeigte er trotz der starken Schmerzmittel Schmerzen.

Der Karfreitag kam am 30. März 2018. Er lag ganz ruhig da, hatte die Augen zu. Kurz nach 15:30 Uhr ging ich für 10 Minuten raus in den Garten. Ich kehrte zurück und saß wieder neben ihm. Ich hielt seine Hände. Seine Augen waren halb geschlossen. Kurz danach hob er leicht seinen Kopf und seinen rechten Arm. Er schaute nach rechts, nach oben. Er lächelte kurz.

Und in diesem Moment hörte sein Herz hörbar auf zu schlagen.

Ein Geräusch, das ich nie vergessen werde. Er sackte zusammen. Ich war geschockt und zuerst gelähmt. Die Uhr zeigte 16:02 Uhr. Der liebe, wunderbare, außergewöhnliche Peter war jetzt außerhalb von jeglichem Schmerz und nicht mehr Teil von dieser manchmal nicht zu verstehenden Welt, die er so schätzte. Ich betete für ihn und rief bei der einen Palliativschwester an, die sofort vorbei kam und professionell die nächsten erforderlichen Schritte einleitete.

Zu meiner Trauer möchte ich mich nicht äußern. Nur eins weiß ich, ich wurde im Leben beschenkt mit einem Mann, der mehr als ein Sechser im Lotto war und dafür bin ich sehr dankbar. Wir hatten fast 45 meistens sehr glückliche Ehejahre hinter uns. Wir waren öfter wie zwei Alphatiere, aber wir passten hervorragend zusammen.

Seine erste Worte an mich, nachts spät in einer exklusiven Diskothek in Johannesburg, Südafrika waren: „Hello, would you like to dance with me?"

XXXXXXXXXXXXXXXX

Kapitel 23

Schlusswort - Wünschenswert wäre

1. Eine bessere Bezahlung für Pflegekräfte, um eine bessere Selektion der Bewerber und eine größere Bewerberzahl zu erreichen.

2. Mehr und intensivere MDK Kontrollen zu haben – am besten unangemeldet, um realitätsnahe Ergebnisse zu erzielen.

3. Eine bessere Preis - Leistungs - Kosten - Planung und eine strenge wirtschaftliche Prüfung.

Kapitel 24

Wehmut Gedanken

Ich vermisse Dich so sehr. Das Gefühl von Deiner Haut, noch so schön glatt und weich. Deine schönen Hände und Füße. Wie Du mich anschaust. So vertrauensvoll und Deine uneingeschränkte Liebe. Auch bei Deiner Krankheit hast Du mich bedingungslos geliebt.

Ich wache nachts auf und Du bist nicht mehr da. Kein Ankuscheln, keine Deckenkontrolle mehr von mir bei Dir.

Warum musstest Du so leiden? Du warst ein sehr guter Mensch. Und fandest fast bei allen das Gute vorhanden, nicht unbedingt immer nach meiner Meinung.

Du passtest in das Klischee: 'Nur die Guten sterben jung.' Da kam der Gedanke mehr als einmal: 'Gott hat uns verlassen.' Warum leben die Bösen weiter und ein Mann Deines Kalibers wird unheilbar krank, um dann langsam elendiglich zu sterben? Dies ist nicht zu begreifen.

Ich fühle mich manchmal innerlich so einsam und wie auf Entzug. So ähnlich ergeht es, das weiß ich, drei von meinen lieben Bekannten, die ihre Männer im Schicksalsjahr 2018 auch verloren haben.

67